Zen

-

Aphorismen

Wie Zen zu definieren ist, daran beißen sich bis heute die schlausten Köpfe der Welt ihre Zähne aus. Aber das ist wenig verwunderlich, denn Zen ist weder schlau noch weltlich. Was Zen ist, ist Praxis. Einzig durch das lange – und wir reden hier von Jahren oder vielmehr sogar von Jahrzehnten – Praktizieren erfährst du die Wahrheit des Zen. Setz dich einfach hin und fang an!
Diese kleinen Aphorismen wollen inspirieren und den Blick nach innen öffnen. Denn die größten Wunder liegen in uns und nicht draußen in der Welt. Lass dich von den kleinen Sinnsprüchen anstecken und dann setz dich hin und werde zu einer Fackel des Zen.

Schmerz folgt
Dem materiellen Wert.
Ein leeres Spiegelbild
Leidet nicht.

Im Sonnenlicht strahlt
Mein leeres Gesicht.
Das Klatschen einer Hand
Zeigt Buddhas leeres Gewand.

Gier frisst.
Hass zerreißt.
Die Lehre heilt
Jeden Zwist.

Morgen nicht.
Gestern nicht.
Nur heute ist.

Zenmeister:
Kleister für
Leere Geister.

Eine Hand. Ein Fuß.
Halber Mensch.
Inhärenz?

Kein Stufenweg
Und dennoch ist die Praxis
Unser täglicher Weg.

Rollende Pferde. Vögel mit Eisenflügeln.
Aber Zen ist gleich wie zu der Zeit,
Als Bodhidharma aus dem Westen kam.

Nur ein Gebiss,
Sprach der Mönch
Und erblickte das Licht.

Manchmal reicht ein Windhauch,
Um das wahre Licht
Zu sehen.

Linji lehrte
Vom wahren Menschen.
Linji leerte
Die Menschheit aus.

Staub der Riten.
Erwacht durch
Die Traditionen blicken.

Ein Moment:
Mehr ist da nicht,
In dem das ganze Universum steckt.

Zen ohne Worte.
Zen ohne Ritual.
Nackt und wahr.

Ein Kissen.
Ein Ich. Ein Windhauch.
Alles vergeht.

Klarer See.
Unverzerrtes Bild.
Dualität. Wellen trüben
Die Realität.

Karma: ein Zeuge,
Der niemals träumt.
Wirst du bereuen?

Zen ist nicht irgendwelche Gedankenspiele;
Zen ist das wahre Leben.

Stille kann lauter sein als eine Millionenstadt,
Denn Stille ist grenzenlos.

Begegne der Wut
Mit grenzenloser Geduld
Oder erzeuge karmische Schuld.

Blauer Berg. Ochsenbilder.
Torloses Tor. Nur Worte,
Solange du nichts tust.

Geist erbaut die Welt.
Tiefer schauen,
Als das Auge sieht.

Karma ist
Nur das Spiegelbild
Eines wandelnden Gesichts.

Wer Glück
Im Wandel sucht verliert,
Deswegen nennen sie
Buddha den Sieger.

Buddha ist nicht,
Wie Menschen denken.
Buddha ist jenseits
Allen Denkens.

Die vierfache Liebe ist
Stärker als die Triebe
Der Gierwelt.

Steingarten
Und Mönchsgewand
Machen noch kein
Wahres Zen.

Der Holzbuddha verbrennt.
Die Tonstatue zerschellt.
Am Ende lehrt nur
Vergänglichkeit.

In einem Schluck Wasser
Sieht der Zenmeister
Die ganze Welt.

Auch im Sturm
Schweigt er.
Auch im Krieg
Liebt sie.

Leere Tasse.
Leerer Geist.
Leeres Spiegelbild.

Der Greis kreist.
Das Baby schreit.
Was ist Karma?

Keine Kontrolle.
Nur Dharma.
Keine Sicherheit.
Nur Nirwana.

Sinnleer.
Leerer Sinn.
Wahre Unterschiede.

Auge des Orkans.
Zentrum des Selbst.
Leer und unbewegt.

Ein Kissen
Für dein Gewissen.
Eine Gabe
Für dein Karma.

Kein Gestern. Kein Morgen.
Nur hier und jetzt lacht
Dein befreites Selbst.

Wahre Zuflucht
Zum Buddha heißt,
Nimmermehr zu glauben
An Geld und Status der Welt.

In jedem Augenblick
Steckt Erwachen.
Warum sind wir es
Noch nicht?

Leere Sprüche.
Leeres Weltgewebe.
Grenzenlose Fülle.

Alles Geld der Welt
Hat nicht den Wert
Eines einzigen Buddhawortes.

Zen kannst du nicht lernen:
Du musst Zen mit ganzem Herzen sein.
Nur dann ist es Zen.

Affengeist scheißt
Gedankenmüll.
Zengeist weist ins Idyll.

Nur ein Blick
Und alles verändert sich.
Kein inhärentes Ich.

Der Koch hat die Macht
Im Zenkloster.
Nur der Einsiedler
Ist übermächtig.

Ein Tropfen im Meer.
Ein Ich in der
Menschenwelt.

Kein Holz, kein Stein, nicht mal ein Juwel
Und doch sind Buddhas Worte härter
Als jedes Metall.

Wer die Buddh(in)as sind,
Weiß jedes Kind,
Weil jede:r eine:n im Herzen trägt.

Wer zu ernst den Pfad geht,
Verfehlt den Pfad,
Denn der Pfad ist leicht und leer.

Kein Garten. Kein Gong.
Alles ist Illusion.
Nur der Klosterkoch.

Tradition und Riten
Sind nicht der Pfad Buddhas.
Hafte daran und
Du wirst enttäuscht.

Der Pfad hat kein Gesicht,
Doch er strahlt im Licht
Der höchsten Erleuchtung.

Buddhas sind, waren
Und werden sein.
Doch wer bist du?

In den Spiegeln der Welt
Verwischt die Leerheit
Deines wahren Selbst.

Hass und Gier
Sind wie das Netz
Einer riesigen Spinne.

Zen ist nicht da,
Um sich zu entspannen.
Zen ist der harte Weg
Der Befreiung.

Sitz und
Wenn es neun Jahre
In einer Höhle sind.

Die Kampfkunst der Mönche
Ist nicht der Kampf der Soldaten.
Denn die Mönche bekämpfen
Ihr unerleuchtetes Selbst.

Der Morgen im Abend.
Der Tag in der Nacht.
Der Tod im Leben.

Zu viel über
Buddha lesen,
Heißt Buddha verfehlen.

Dreifach
In Tat, Wort und Gedanke.
Einfach erwachen.

Dummes tun,
Wird zu Dummen führen.
Setz dich hin und reflektier.

Wie dem Schwert
So folge dem Atem.
Wie der Laser
So seziere deinen Geist.

Buddhas im
Dreitausendfachen Weltsystem.
Doch Zen sagt,
Keiner war.

Du leidest.
Kein Ich.
Kein Leid.

Samen säen
Und in einem nächsten Leben
Buddha im Spiegelbild sehen

Liebe und Gier:
Zwei gleich erscheinende Wege,
Die in entgegengesetzte Richtungen führen.

Was Buddha ist,
Weiß jedes Kind:
Er ist der dicke Mann
Mit kahlem Haupt.

Wahres Sehen heißt
Zu sehen, was unter
Der Oberfläche ist.

Wahre Absicht ist
Der Wunsch, alle Wesen
Zu heilen.

Wahre Rede spricht
Nur um zu heilen
Und nie aus Langeweile.

Wahres Tun heißt
Ohne Ruhen
Gutes zu tun.

Wahrer Gelderwerb
Schafft den Wert
Einer besseren Welt.

Wahre Tatkraft
Erschafft aus eigener Hand
Neues Sanghaland.

Wahre Achtsamkeit
Sieht das Leid und
Wie es zu heilen.

Wahre Meditation
Ist Karmas Lohn
In drei Nachtwachen.

Kein Augenblick. Kein Moment.
Da ist nichts beständiges
In dieser Welt nicht mal der Meruberg.

Tränen trocknen,
Doch der Strom Samsaras
Ist unendliches Leid.

Erwacht
In dreifacher Nacht
Lebte er den Pfad.

Neun Jahre ohne Augenbrauen.
Der Schüler riss sich den Arm aus.
Wahre Absicht.

Schweiß ist nicht der Preis
Des Nirwana. Aber dein
Goldenes, weises Herz.

Keine Arbeit. Kein Essen.
Das hat der Zenmönch gesagt,
Karma stimmt ihm zu.

Vergiss die Welt des Leidens.
Konzentrier dich auf das kleine
Licht in deinem Herzen.

Stürme. Vulkane. Orkane.
Doch Furcht kommt von innen.
Meistere dich und
Alle Angst verschwindet.

Manch Mönch träumt,
Während er auf dem Kissen sitzt.
Seine Verblendung schäumt
Und versperrt Buddhas Licht.

Zen ist Chan.
Doch woher kam Chan;
Was liegt im Westen wirklich?

China, Tibet, Japan, Korea.
Doch nicht der Ort entscheidet
Über die Qualität deiner Meditation.

Selbst der heiligste Sitz vergeht,
Denn Vergehen ist Samsaras
Knallhartes Gesetz.

Die Sorgen des Geldes
Sind nichts gegen die
Freuden der Meditation.

Söhne und Töchter
Der Buddhas leben,
Um zu geben.

Zen ist
Die harte Suche
Nach der Wahrheit
Des Augenblicks.

Sitz und wenn du
Neun Jahre in einer Höhle sitzt
Ohne Kontakt zur Außenwelt.

Kein Gestern.
Kein Morgen.
Keine Ängste.
Keine Sorgen.

In der Intimität des Atems
Wartet das dreitausendfache
Weltsystem auf der Spitze
Eines Blattes.

Weltlinge kämpfen.
Buddhas Kinder stemmen
Sich gegen den Hass.

Hier und jetzt
Mehr ist da nicht.
Also öffne dich.

Der wahre Weg
Formt den wahren Menschen
Ohne Rang, lehrte Linji.

Was der Affengeist
Täglich scheißt,
Sind Gedanken
Des Leidens.

Ein Traum ist
Ein Traum. Doch ein Traum
Ist realer als die Wirklichkeit,
Die wir verträumen.

Wer glaubt Hass und Gier
Bringen Glück, wird
Unglücklich sterben.

Im Angesicht des Todes
Bereuen viele, weil sie
Ihr Leben nicht wertschätzten,
Als noch Zeit war.

Jeder Moment des Wartens
Ist eine Chance
Für karmische Taten.

Tradition und Riten
Sind weltliche Fesseln.
Eine Lehre jenseits
Der Worte und Konventionen.

Blaue, rote und
Grüne Buddhas;
Doch die Wahrheit
Bleibt leer.

Die Lehre der Leere
Überquert die Meere
Und fegt die Lüge
Der Ewigen davon.

Die Asche
Verweht im Wind,
Doch Karma
Kann er nicht entfliehen.

Sie sehen und
Sehen doch nicht.
Sie hören nur,
Was sie gewöhnt sind.

Eine Halle
Voller Zenmönche.
Eine Halle ohne Gedanken.

Gefangen
In der Inhärenz,
Solange sich die Lüge
Aufrechterhält.

Geben ohne Geber.
Gaben ohne Nehmer.
Dennoch helfen wir.

Zengärten und
Teezeremonien,
Aber der wahre Geist
Ist leer von Tradition.

Er lehrte
Vom wahren Menschen
Und vom Affengeist.

Der polierte Spiegel
Und der Sechste,
Der Wahrheit sprach.

Der Stab aus dem Westen
Kennt keine Legenden,
Sondern nur den Staub
Auf dem Sitzkissen.

Zen ist Praxis
Und kein totes
Bücherwissen.

Wer den Hilfesuchenden hilft,
Ist mehr Zen,
Als wer Millionen Stunden sitzt,
Denn Buddhas heilen die Welt.

Im Zen gibt
Es keine Hierarchie.
Auch Buddha war nur
Ein ausgestoßener Bettelmönch.

Sitzen und schwitzen,
Ohne an die Zeit
Zu denken.

Es gibt heilsamen Lohn
Für den Schmerz
In der Meditation.

Sitzen und
Die Illusion vertreiben.
Meditieren
Ohne die Wurzeln des Leidens.

Tränen im Wüstensand
Und Gelächter im Sturm.
Der Zenmönch schweigt
Im Trubel der Welt.

Kein Hort
Ohne Wandel.
Kein Pfad
Ohne Dharma.

Der tote Punkt
Im Wirbelsturm
Ist wie das Zen
In dieser Welt.

Wenn nichts mehr hilft,
Dann setz dich hin
Und stell dich dir selbst.

Weltlinge hasten
Von A nach B.
Die Zenleute sitzen
Einfach nur still.

Geld, Besitz und Ruhm
Sind wie Klebstoff.
Gefangen wie eine Fliege
In einer klebrigen Fliegenfalle.

Lüg und du bist
Der, der betrogen wird.
Sprich wahr und
Sieh das Licht.

Sie haben Angst,
ohne ihr Ego zu sein.
Aber ihr Ego ist der Ursprung
ihrer Angst.

Profanes und Heiliges
trennen die Schriftgelehrten.
Der Zenmensch ehrt
alle Erscheinungen.

Auch die Lehren alter Meister
Sind Fesseln in den Geistern
Unerleuchteter Personen.

Was Zen ist und was nicht,
Darüber streiten die Gelehrten.
Manche sitzen nur.

Der Geist in der Flasche
Sieht nur das Glas.
Der freie Geist fliegt
Ins Grenzenlose.

Zu opfern und zu spenden,
Wenn alles leer ist,
Ist das letzte Gesetz.

Auf dem inneren Weg
Gibt es kein Hindernis,
Welches stark genug ist,
Solange man nur ehrlich ist.

Überall die tollen Roben
In denen Säkulare stecken.
Überall die geschorenen Köpfe,
In denen das Bürgertum lebt.

Zen ist nicht stolz.
Zen braucht keine teuren Roben.
Zen braucht nur den Schmerz
Stundenlanger Meditation.

In den Bergen Chinas
Leben noch die Geister alter Meister.
Sehende werden sie finden.

Die Regeln des Zen
Sind kein Zen.
Zen ist leer.

Freiheit in den Regeln zu finden,
Ist der Weg der mittleren Periode.
Freiheit ist das nur sitzen.

Klöster fallen.
Mönche sterben.
Der Weg wird verschüttet.

Im Strom gibt es kein zurück.
Deshalb suche den Stromeintritt,
Doch verfange dich nicht
In deinem gesammelten Wissen.

Zwischen den Zinnen der Nacht
Und dem Gipfel des Tages
Wartet eine tiefere Wahrheit.

Der Suchende sucht
Verzweifelt. Erst wenn er
Sich selbst findet, findet
Er das Licht.

Augen sehen, Ohren hören
Und der Geist denkt.
Nirgends findet sich Inhärenz.

Die Riten des Zazen
Sind auch nur eine Fessel an die Welt.
Erwachte sind vollkommen frei.

Aktien, Autos, Egos:
Traumschlösser einer Welt,
Die vergehen wird.

Hafte an nichts
Und das heißt,
Hafte nicht mal
An nichts.

Im Auge sitzt
Ein Mann und sieht die Welt,
Glauben die Unwissenden.
Leeres Sehen.

Buddhas verbrennen,
Buddhas töten,
Lehrten alte Zenmeister.
Sie meinten den falschen Glauben.

Der Abt ist der Erste.
Der Koch ist der Zweite.
Wer bist du?

Jenseits ist nichts
Und diesseits ist leer.
Was also ist die Welt?

Was Buddha ist, war
Oder sein wird. Darüber zerbrich
Dir nicht den Kopf.
Sitz einfach nur.

Ein Augenblick,
In dem alles ist.
Geburt und Tod
Des ganzen Universums.

Zen wartet nicht.
Denn wie viel du
Auch suchst, du
Findest Zen nicht.

Atme ein und
Vergiss die Welt.
Atme aus und
Vergiss dein Selbst.

Wenn es Tradition ist,
Dann ist es kein Zen.
Buddha selbst hat gesagt,
Dass Riten Fesseln sind.

Überall ist Zen,
Doch du findest es nicht,
Solange du mit den
Weltlichen Augen suchst.

In den Steinen, Bäumen,
Im Wasser der Flüsse und Meere,
Selbst im Mond- und Sonnenschein
Warten die Ratschläge der Zenmeister.

Der Pfad Buddhas
War immer da.
Nur du warst
Nicht wahrhaft da.

Wenn das Ich
Zen ist, dann ist
Das Zen nicht.

Ein Fluss, der reißt
Ins elendige Leid,
Deshalb ist Buddha
Ans andere Ufer gereist.

Träumt nicht von Himmeln, reinen Ländern
Oder als Gott wiedergeboren zu werden.
Sitzt einfach und erwacht aus dem Schlaf
Der Unwissenheit und Verblendung.

Was Zen ist,
Fragt die neue Welt?
Wer du wahrhaft bist,
Antwortet Zen.

Mit Eisenvögeln geflogen,
Kam der Dharma.
In Herzen aus Gold
Lebt der Buddha.

An Zauberei glaubt,
Wer glaubt, das irgendetwas
Sich einfach in Luft auflösen könnte,
So ist Wiedergeburt.

Ein Moment,
In dem das Universum begann.
Ein Moment,
In dem dein Buddha erwacht.

Wege verführen.
Herzen zerreißen.
Stürme warten.
Still sitzen im Schmerz.

Das Zen beginnt,
Wenn du ehrlich bist
Und anerkennst, dass alles
Geist gemachte Illusion ist.

Zu erwachen,
Heißt zu vergessen,
Wie wichtig sich das Ich nimmt.

Zen zu jeder Stund
Hält den Körper gesund
Und reinigt dein Karma.

Besitz in einer Welt
Der Unbeständigkeit ist eine Illusion.
Doch alle klammern sich daran.

Wenn wir könnten,
Würden wir, sagen all jene,
Die weiter leiden werden.

Frühstück verwandelt
Sich im Darm in Scheiße
Und der gierige Mönch
Erwacht als Preta.

Zen wirkt
Und Zen wirkt nicht,
Dann wenn du nicht
Ernsthaft praktizierst.

Ein Gesetz in Karma.
Erlösung im Dharma.
Alles in der Sangha.
Geh hin oder stirb!

Am Morgen ein Mensch.
Am Abend ein unmenschlicher,
Frisch, geschorener Zenmönch.

Dort wo Zen ist,
Ist sonst nichts.
Denn ist es etwas,
Ist es kein Zen.

Toiletten sammeln Scheiße.
Zungen schlechte Gedanken
Und das Leben Karma.

Der Pfad. Alle im Zen
Reden immer vom Pfad.
Nur wer davon redet,
Ist nicht auf dem Pfad.

Buddhas in allen
Farben und Formen.
Jede:r einzelne leer.

Lausche den Narren
Und du wirst ein Narr.
Suche die Weisen und
Werde lebendige Weisheit.

Zen ist am Morgen,
Aber ist am Mittag nicht,
Weil es abends wieder ist.

Sie schlafen und
Verschlafen ihre Chance,
Buddhas Licht zu sehen.

Wo Gier spielt
Gebiert Leid.
Wo Buddha lehrt,
Finden wir Frieden.

Was Zen ist,
Fragt die Welt:
Sitzen und die
Fragen vertreiben.

Zengeist und Affengeist
Sind das Gleiche
Und doch zwei Universen.

Die Nonne verlässt
Die Welt der Gewalt.
Der Mönch verlässt
Die Welt der Gier.

Japan fiel,
Als sie laisierten.
Seitdem gibt es dort
Kein wahres Zen mehr.

Chan, Seon und Zen,
Wer sich an Worten festhält,
Wird in die Irre gehen.

Die Europäer glauben
Leerheit sei Form und
So ahmen sie nach
Und verfehlen das wahre Wesen.

Ein Mensch ohne Rang
Lehrte er und bewies,
Dass er kein Meister war.

Wie stinkende Scheiße im Lokus
Sind die Zenleute, die ihre Praxis
Mit großen Tönen anpreisen.

Das Wasser fließt
Und Karma sprießt.
Nur Erwachte sitzen still.

Frieden ist das Wort der Weisen,
Denn alle anderen Wörter
Erschaffen das Leiden.

Ein torloses Tor.
Der gegensatzlose Gegensatz.
Das Klatschen der einen Hand.
Dein Gesicht bevor deine Eltern lebten.

Eine Frage bleibt
Und das ist dein Geist,
Der davon fließt
Und niemals stehen bleibt.

Gemacht aus Geist,
Doch du schreist,
Wenn der Meister
Dich kneift!

Narren glauben,
Der Pfad ist das Ziel,
Weil sie nicht verstehen,
Was Nirvana ist.

Niemand leidet,
Niemand stirbt,
Sobald das torlose Tor
Durchschritten ist.

Vier Berge zerquetschen jeden:
Alter, Krankheit, Tod, Geburt.
Doch Erwachte leben frei.

Im Nebel sitzt der Mönch
Und im Schnee und wenn
Der Wüstensand die Welt überrennt.

In der Masse fließt der Atem
So frei wie in einer
einsamen Höhle.

Ob in der Askese
Oder im Haus:
Nirvana ist allgegenwärtig.

Tore ins Innerste.
Weise Worte führen.
Realisation.

Jeder Moment des Wartens
Ist ein Geschenk des Friedens
Und ein Angebot, Geduld zu üben.

Die Buddhanatur
Ruft nach dir.
Doch du bist taub
Vom Lärm der Welt.

Das Zen des Ostens
Und das Zen des Westens
Heben sich gegenseitig auf.

Der Affengeist springt
Und Begierde beginnt,
Ein Weltreich aufzubauen.

Dort wo das Ich endet,
Beginnt das Zen.
Aber was ist da,
Wo kein Ich in dir ist?

Kneif den Nur-Geist
Und lausche,
Wie er schreit.

Wer trägt dein Gesicht,
Wenn dein Lebenslicht
Ein Leben weiter ist?

Gold glänzt, aber vergeht
Wie alles in der Welt.
Nur der Dharma übersteht
Selbst die Totenwelt.

Zen ist nicht
Die Kalendersprüche.
Zen ist die harte Arbeit
An sich selbst.

Ein Mönch ohne Tand
Ist ein wahrer Mönch.
Arm und keusch.

Silas sind eine Qual
Für jene voll Sinnengier
Und eine Quelle des Glücks
Für die Weisen.

Streben ohne Stolz.
Alles geben,
Ohne sich als
Etwas besseres zu fühlen.

Im Zen sitzen wir.
Das ist alles.
Füge nichts hinzu!

Keinen Erwartungen
Und ohne Absicht
Sitzen und gewahr sein.

Ein Verschwörer
War der Fünfte und
Ließ den Sechsten
Mit dem Stab türmen.

Leere Spiegel.
Ohne Staub.
Leere Titel.
Komplett ausgeraubt.

Im Zen
Spiegelt sich die Welt.
Denn Zen ist nicht
Von dieser Welt.

Nicht so und
Nicht anders.
Nur hier. Nur jetzt.

Manche philosophieren,
Andere sitzen nur
Und finden.

Worte auf Papier
Sind keine Worte
Des Herzens.

Sucht nach Drogen oder
Sucht nach Aufmerksamkeit.
Nur die Erwachten
Sind völlig frei.

Was für die einen
Das Warten,
Ist für die anderen
Zeit für die Praxis.

Eine Welle erreicht
Ihr Ziel und bricht.
So sterben wir.

All der Tand
In den westlichen
Zen-Zentren wird euch
Nichts nützen!

Löse dich auf
In dem Moment zwischen
Ewigkeit und Vergänglichkeit.

Zen kämpft nicht,
Noch gibt es
Kampflos auf.

Wandel ist
Die Basis der Welt
Und die Wahrheit,
Dass weder Ich noch Nicht-Ich.

Was für den Weltling
Langeweile, ist für den Zen
Eine Übung in wahrem Sein.

Affengeist und wahrer Mensch
Ohne Rang. Studiere das, aber poliere
Weder den Spiegel noch den
Ziegelstein.

Das Ich klammert
Sich an Angst, Hass und Gier.
Überwinde es, falls du absolut
Glücklich sein willst.

Momente unbewusst und
Ungenutzt erzeugen Leid.
Achtsame Momente
Zum Erwachen weisen.

Meditierende
In allen drei Zeiten
Greifen nach dem Absoluten
Der freien Zeit.

Ein Mönch im Wald.
Niemand geht.
Niemand steht.
Leerer Atem.

Eine Blume.
Ein Lächeln.
Keine Worte.

Wieder und wieder
Sitzen wir und zielen
Damit auf kein Ziel.

Im Herzen der Welt
Sitzt ein Held und strebt
Nach der Buddhaschaft.

Kein Tag, an dem der Pfad
Nicht wartet auf die wahr-
Haft Suchenden

Zen ist kein Spiel
Und doch gibt es kein
Besseres Spiel als Zen.

Im Zen spiegelt
Sich die Welt,
Wird leer und heilt.

Tausend weise Sprüche,
Aber keine weise Tat
Sind der Pfad der falschen
Pfadgänger.

Babykind verwandelt sich
Geschwind in den Greisen:
Auf diesem Weg lasst die
Weisheit der Prajna Paramita reifen.

Einen Stein, mehr braucht
Der Meister nicht.
Also beginnt er
Zu sitzen.

Frau oder Mann. Trans oder nichts.
All das spielt nach dem Erwachen
Keine Rolle mehr. Alles ist leer.

Sie klammern sich
An Kutte und Glatze,
Aber das ist nicht
Das wahre Zen.

Jenseits der Worte.
Besonders jenseits
Des Wortes Ich,
Das ist wahres Zen.

Eine Blume ohne Worte.
Ein Mann der verstand
Und der Buddha lächelte.
So begann Zen.

Mit dem Stock
Lehrten die alten Meister
Und erzogen Meister.
Heute ist alles in Watte gepackt.

Chan verschwand
Und wurde zu ganz China.
Zen verschwindet gerade.

Ob Ost oder West;
Die neunjährige Höhle
Wartet auf jede:n von uns.

Träume in der Nacht.
Unerleuchtete träumen
Den ganzen Tag.

Wahr ist,
Dass Gier und Hass
Unsere Meister sind.

Zen ist ein Weg
Der Praxis.
Vergiss die Bücher
Und Äußerlichkeiten.

An die Wand gestarrt.
Steinernes Spiegelbild.
Ich verging.

Kleiner Mann
Mit Glatze.
Scharfe Worte
Des Seon.

Zen lehrt
Ohne Worte.
Zen geht
Den schnellen Weg.

Achtsam am Morgen.
Achtsam am Abend.
Alle Gründe sehen
Und das Leid verstehen.

Zen wartet nicht
Auf dich.
Sitze oder leide.

Buddha lehrte
Jenseits der Worte
Den Pfad zum Erwachen.

Keine Absicht,
Aber ein Ziel.
Keine Zeichen
Und doch Nirvana.

Zen kennt dich,
Doch du irrst
Und dein Leid beweist es.

Wahrheit heilt,
Das ist ihr Wesen.
Die Welt leidet,
Weil sie eine Lüge lebt.

In den Büchern
Steht viel und
Bedeutet nichts.

                    Das Ende der
                    Unbewussten
                    Gedankenschlangen
                    Ist die Frucht des Zen.

Leere
Liegt in allen Dingen.
Leere
Ist der Pfad der Befreiung.

Alles vergeht.
Jedes Leben.
Jeder Tod.

Familien
Sind Zen.
Schreiende Kinder
Erwachen.

Wähle die Welt
Und ersaufe.
Wähle Buddha
Und erwache.

Höre nicht zu.
Sieh nicht hin.
Schweige.

Harte Praxis.
Erst im Auge des Sturms
Zeigt sich der wahre Praktizierende.

Im Augenblick
Findest du das Licht,
Das dich zur Befreiung führt.

Auf dem Pfad
Des Zen verlierst du dich,
Aber gewinnst ein
Besseres Leben.

Schritt für Schritt.
Atemzug für Atemzug.
Sitzen und gewahr sein.

Ich bin dies,
Ich bin das,
Ist der Feind
Echten Zens.

Zu leicht
Gewinnt der Hass.
Zu leicht
Schleicht die Gier.

Zen ist
Nichts zum
Angeben!

Was Zen ist und was nicht,
Erfährst du frühstens
Nach einem Jahrzehnt
Harter Meditation.

Rede nicht,
Solange deine Zunge
Voll Dolchen und Gift ist.

Zu Staub zerfällt der Mönch.
Verbrannt ist Buddhas Leiche.
Nur dein Ego glaubt noch immer,
Dass es ewig ist.

Nicht laut. Nicht leise.
Nicht hell. Nicht dunkel.
Nicht etwas. Nicht nichts.
In der Mitte wartet Buddha auf dich.

Offene Ohren hören
Das Leiden der Wesen
Und die Lektionen
Der transzendenten Bodhisattvas.

Zen kennt keine Regeln,
Die ewig währen.
Denn Ewigkeit ist nur eine Idee
In den Gehirnen der Verblendeten.

Das Herzsutra lehrt,
Alles ist leer.
Doch Leerheit
Ist nicht Nichts.

Wessen Geist leer,
Dessen Leiden endet
Und das inhärente Selbst
Verschwindet.

Weisheit und Mitgefühl
Sind die Zeichen des
Wahren Buddha Dharma.

Weder ich
Noch nicht-ich
Ist wahres Zen.

Wer nicht willig,
Jahre zu meditieren,
Soll es gar nicht
Erst probieren!

In der U-Bahn.
Im Auto. Beim Spazieren.
Zen lebt in jedem Moment.

Zen ist keine Religion.
Zen ist keine Philosophie.
Zen ist kein äußeres Objekt.

Das Klatschen
Der einen Hand
Befreit sogar
Das reine Land.

Der wahre Zenlehrer
Schlägt dich eher mit dem Stock,
Als dass er dir
Mit Rosenworten schmeichelt.

Klug ist der Weltling
Und glaubt ans Geld.
Weise ist das Buddhakind
Und akzeptiert die Vergänglichkeit.

Im Zen
Ist das Ziel
Ziellos.

Nirwana nur ein Wort,
Solange nicht gelebt.
Nirwana nur eine Idee,
Solange nicht realisiert.

Ist es zu hart, ist es kein Zen.
Ist es zu weich, ist es kein Zen.
Dazwischen liegt der Weg der Mitte.

Wer den Zenweg wählt,
Hat begriffen, dass seine Realität
Nur aus Trugbildern besteht.

Die Wahrheit siehst
Du nicht, denn
Die Wahrheit sieht.

Zen sitzt,
Weil jede Tat
Karma bringt.

Das Alter kommt.
Der Tod wartet auf dich
Und Krankheiten lauern.
Akzeptiere und erwache.

Zen will nichts
Und Zen will alles,
Weil Nirvana lebt.

Satori
Tauften es die Japaner.
Die nackte Wahrheit leben
Ist sein Sinn.

Lehrt nicht,
Bevor ihr nicht
Das Licht gesehen,
Sitzt einfach gemeinsam.

Wenn der Gong
Die Sitzung eröffnet,
Verschwindest du.

Im Zen sitzen wir
Und schneiden jeden
Gedanken ab, weil
Weisheit leer ist.

Kensho weilt
Nicht im
Ich.

Urteile nicht,
Außer über dich
Und selbst dort
Mit Mitgefühl.

Streng ist Zen,
Aber weich der Dharma.
Mittendrin.

Wege in den Kreis,
Der keinen Eingang hat.
Das ist das Koan.

Anfänger glauben Anatta
Heißt Nicht-Selbst,
Aber es bedeutet
Weder Selbst, noch Nicht-Selbst.

                              Die Lehre des Buddha
                              Ist Dharma. Folge ihr
                              Und du wirst frei von Leid.

Augen und Ohren
Hören alles in der Welt.
Wer hört, was die
Innere Stimme erzählt?

Sie sprechen
Von Satori,
Weil sie nicht wissen,
Wie es ist.

Nur ein Augenblick
Und der Pfad wird zur Frucht
Und nichts ist jemals
Wieder wie zuvor.

Zen ist
Ein Pfad und ein Ziel.
Zen hat
Keinen Pfad und kein Ziel.

Jeder harte Tag
Ist eine Übung
In Zen.

Im Weg der Mitte
Gibt es einen leeren Kern
Und einen kreislosen Kreis.

Buddha
Ist nichts,
Was es zu greifen gibt.
Nur ein leeres Bild.

Wenn du verstehst,
Verstehst du nichts,
Weil in allem
Leerheit ist.

Das Zen
Lobt den Pfad.
Denn das Ziel ist zu groß,
Um es mit Worten zu loben.

Mönche und Nonnen.
Damals und heute.
Müssen sich sich selbst stellen.

Zum Lachen
Ist der Funke
Des Erwachens.

Satori
Verändert nichts,
Nur das ich.

Erleuchte
In der Nacht
Der Verblendung.

Ist Satori
Das Ende
Oder der Anfang?

Mancher sah es
Im polierten Stein.
Manche im Wind.
Leere blieb und Frieden.

Mit offenen Armen
Wartet der Buddha
Nach dem Moment
Des Erwachens.

Zen ist
Ein Lebensweg,
Auf dem das
Leben verloren geht.

Tod und Leben.
Im Satori
Zählt das nicht.

Im finalen Moment,
Wenn du wie Buddha siehst,
Endet dein Selbst.

Selbst
Kalpaaltes Karma
Ist nur hier und jetzt.

Finde dich selbst,
Selbst wenn das heißt,
Selbstlos zu sein.

Das Satori
Des Zen
Ist frei.

über den Autor:

Niemand
suchte das Nichts
und wurde niemals.